許運超
一信　主編

文史哲詩叢

彩霞滿天

文史哲出版社印行

國家圖書館出版品預行編目資料

彩霞滿天 / 許運超,一信主編. -- 初版. -- 臺
北市：文史哲, 民 96.09
頁： 公分. --（文史哲詩叢；78）
ISBN 978-957-549-738-5 (平裝)

851.486　　　　96016760

文 史 哲 詩 叢　78

彩 霞 滿 天

主編者：許運超・一信
出版者：文史哲出版社
http://www.lapen.com.tw
登記證字號：行政院新聞局版臺業字五三三七號
發行人：彭正雄
發行所：文史哲出版社
印刷者：文史哲出版社
臺北市羅斯福路一段七十二巷四號
郵政劃撥帳號：一六一八〇一七五
電話886-2-23511028・傳真886-2-23965656

實價新臺幣二四〇元

中華民國九十六年（2007）九月初版

ISBN 978-957-549-738-5

《彩霞滿天》目錄

封面：彩霞滿天（水彩畫） 蔡信昌
封面題字 童佑華
封底：同仁合照・詩 編者
卷頭語：落地為兄弟，何必骨肉親 一信 9

一 信卷 13

14 手稿：虹崩之雪
17 一首詩
19 伊拉克一個嬰兒誕生
21 人肉炸彈
22 怒火
23 還債
24 戰火

王 幻卷 25

26 手稿：冬陽
29 溫馨的童話
30 愛的心曲

32 寫給小琪琪
34 觀小琪琪化裝晚會
35 愛的行程

文曉村卷 37

38 手稿：三代
41 紅樓夢十二金釵
46 春天的落葉
47 書 懷

文 林卷 49

50 手稿：正名
53 十二號車廂
54 雪之輯
56 黃塔——赫德林之塔
57 憶亡妹
59 憶愛河

金 筑卷 61

62 手稿：滄桑史
65 新的超越
67 夜郎種夢
69 窗前小品
71 狂飆的雄姿
72 一滴·酒

麥穗卷 73
74 手稿：重履林間小徑
77 馬來回家了
80 紹興·紹興
82 歲末在北京
84 寂寞
徐世澤卷 85
86 手稿：新歲
89 風
90 環球旅遊
92 人生
94 枯木
95 悲歌
雪飛卷 97
98 手稿：天使的歌聲
101 送妳最後一程
103 無人接聽的手機
105 騷動
107 開採一齣新的夢
許運超卷 109
110 手稿：相逢
113 有關火四首
115 假如此刻沒有電
117 說酒外一首
119 十二月某日

傳予卷 121
122 手稿：剎那的永恆
125 時間①
126 時間②
127 填充題
128 我的名字寫在水上
130 眸
131 我送你一首小詩
晶晶卷 133
134 手稿：與詩有約
137 醉的邊緣
139 戲說人生
140 十二月
142 夢與醒
143 落葉
童佑華卷 145
146 手稿：無象之象
149 尋根
151 花見羞
153 鏡子的聯想
155 雪起江闊
潘皓卷 157
158 手稿：光之源
161 淡水觀海記
164 達娜伊谷溪
166 現代夫妻三段論
168 放下吧

謝輝煌卷 169
170 手稿：雲
173 皇帝娘愛花
174 紅塵人生
175 黃昏卒
176 鳥鳥
177 千手觀音
178 秋夜
179 石縫裡
180 升旗台
關雲卷 181
182 手稿：黃粱一夢
185 郊遊三題
187 詩象四章
190 生活列車四節
192 餘暉
後記 193

落地為兄弟 何必骨肉親 —信

——《彩霞滿天》卷頭語

「三月詩會」是一個不算團體的團體，沒有組織的組織，是最窮卻也是最不缺經費的組合體。他們沒有目的卻目的明確；沒有目標卻目標顯明。且目的、目標永遠不變。實在稱得上是一個奇妙的組合。

因為「三月詩會」沒有會址，沒有會長，沒有會章，沒有幹部、職員、領導人或精神領袖，沒有經費，沒有任何設置或設備，卻每個月聚會一次，十四年來從未間斷過，僅僅於一九九三年九月，因大部分同仁隨另一文藝團體訪問大陸，延期聚會一次外，至今已是聚會了十四年八個月，共計有一百七十六次，且仍與致勃勃繼續不斷地每月聚會中。「三月詩會」詩友們聚會沒有目的，唯一就是寫詩、論詩；也沒有目標，最大的希望就是把詩寫得更好。每個月由會友輪流擔任召集人，主持會議並作東付出這一次聚會所有的費用。然後再交由下個月的召集人，命題供詩友寫詩及主持下次聚會討論，作東。

「三月詩會」的會友很單純，都是會寫詩，肯寫詩，並願接受批評討論的詩友。但也很複雜，雖然現未超過二十人，其中卻是有教授、退伍的將軍、軍官，退休的簡任官、醫師、總編輯、主編、詩社社長、教員、公務員、商業投資人，家庭主婦……等等。

「三月詩會」有幾項不同於其他文藝團體的特色，現分敘如下：

一、同仁全為銀髮族，如果有人的髮是黑色或黃色，那一定是用人工染的，決非原色。且同仁中年逾七十五歲者佔三分之二強，並有兩位年逾八旬。

二、每月由召集人先出題目，由參加之同仁就題寫詩，寫好再按參加之人數影印好，分送每人一份。開會時輪流由會友朗誦自己的作品，再請同仁們欣賞及討論；好的予以讚美，不好的予以批評，錯誤的予以指正。批評者認真嚴格，受評者都能虛心接受並表示感謝，且立予改正。雖偶有說明，也以感激的態度解說，所以十四年來，從未因此發生不愉快的情形。

三、同仁們雖多為銀髮族，但每次提出作品，從不缺席或拖延，因為提出作品有寫、有讀（朗誦），並被修理、被讚美，對腦力震盪，有很大效益，所以他們從沒人患「老人痴呆症」或「憂鬱症」；所寫之作品，也從無衰老悲嘆之作，且多是哲性之昇華及精神飛揚之表達，詩中並不乏科技語言及創新辭彙。而且為了便於處理作品及投稿，多已學會了使用電腦、傳真、電子信箱等新資訊工具。

東晉大詩人陶淵明，曾寫過一首〈雜詩〉，其最後八句，堪為「三月詩會」同仁們的寫照，其詩為：「落地為兄弟，何必骨肉親？得歡當作樂，斗酒聚比鄰，盛年不重來，一日難再晨，及時當勉勵，歲月不待人！」北宋王安石的名詩〈孤桐〉的第三句至第六句，亦可借作「三月詩會」同仁此際自豪的自我形象：「凌霄不屈己，得地本虛心。歲老根彌壯，陽驕葉更陰。」

三月詩會自一九九三年起，每二至三年出版一本專集，將這段時間內同仁所寫的自認為較佳之詩作，選入發表，迄今已出版了五冊，順序為《三月情懷》（一九九四）、《三月交響》（一九九六）、《三月風華》（一九九八）、《千禧三月》（二〇〇〇）、《三月十年》（二〇〇三），此次卻已逾四年，才經同仁提起出版專集，並推選將軍詩人許運超及筆者擔綱辦理，我們雖感力有未逮，但亦覺義不容辭，乃接下此一任務，勉力以赴，期能順利完成使命。惟因同仁交稿時間不一，有所延遲。現已蒐集完備，並邀請名畫家蔡信昌先生繪作封面及為同仁素描，名詩人書法家童佑華先生為封面題字，名詩人散文家林錫嘉先生為同仁攝影。並經會中討論議決，此次書名不再使用「三月」之慣例，定名為《彩霞滿天》。且蒙文史哲出版社發行人彭正雄先生惠允大力協助出版及發行，台北市青溪新文藝學會理事長林靜助先生惠予支助，在此特向五位先生致謝。現本書出版在即，謹援前例，匆成此文忝為卷頭語向大家簡報，敬請多加指教為感。

一信

【小傳】一信，本名徐榮慶，一九三三年出生於武漢、漢口市。曾任編輯、主編、教員、講師、公營事業單位課長、專員、副經理、同簡任職退休。曾主編《中國新詩》及青年寫作協會、文藝協會、新詩學會會刊及選集等十餘種刊物。著作詩集、詩評論等十種出版。此外有評論集、叢書、專題研究……共二十餘種。曾獲中山文藝創作獎、九六年文藝榮譽獎章及其他獎項共十餘次。現仍努力於新詩及詩評論創作不輟，且作品較前為豐。

一信因身歷第二次世界大戰，目睹害良人民被殺戮、家破人亡；再歷國共戰爭，身受其害，所以非常渴愛和平及痛恨戰爭，此處發表者為其近年頌和反戰之部份作品。

【手稿】

虹崩之雪　—信

朗誦詩句　一張口卻衝出了
很多帶血的字　流血之音符
驀然　飛向蒼穹成一彎彩虹
詩乃虹中之血　也是
虹崩紛飛之色彩
終將淨化成　語言之雪花

一信素描像　蔡信昌繪

一信近照　林錫嘉攝

一首詩

一首詩寫在伊拉克
美國人用槍炮
　飛機　坦克　化學武器
蘸著血寫　寫完了
血跡永遠不乾　且
流回美國　其他地區
　※　　※
瑞士寫了一首詩
中歐人用風景
建築　快樂　和善容忍
揉合笑聲而寫　寫好
音樂笑聲各處飄揚
　※　　※
台灣正在寫一首詩
是中華族民用！？……符號在寫

可是竟寫成
測驗題　選擇題　申論題
也有用意識意象　殺戮暗喻方式寫

※　※

似乎沒靈感　缺妙悟
因而鑄不成形象　寫不出意境
詩　乃茫然等待構成

伊拉克一個嬰兒誕生了

好響亮的鞭炮？好熱鬧的聲音？
好燦爛的煙火？這裡在
歡慶一個嬰兒誕生？

※　※

不是！不是鞭炮！熱鬧！煙火！
是爆炸！哀號！兵燹！
嬰兒誕生的此刻　正有
數不清的人痛苦地死亡
無奈地在戰爭中被屠殺死亡

※　※

嬰兒降生於此時　此地　此境遇中
誰也不知能活多久？因為這裡
每個人都想殺人或立即被殺戮
這裡　除了有殘酷之恨　傷亡之血外
什麼都缺乏——水　醫藥　食物　人性

※　　　　※

嬰兒：如果你能倖存而長大
你將成為布希？海珊？
或人肉炸彈

※　　　　※

巴格達　一嬰兒從哭聲中來到這裡
一群美國人從喊打殺聲中也衝到這裡

※　　　　※

這嬰兒赤裸裸孤單地來到這裡
美國人全身武裝拿著兇器大群叫囂來到這裡

※　　　　※

嬰兒到此後將面對千萬張哭喪的臉
美國人到此將於耀武殺戮後
攜帶戰利品驕傲狂笑叫囂而去

※　　　　※

未取名的嬰兒　該取個名吧？
千萬別叫布希　海珊
或人肉炸彈

人肉炸彈

將肉體與鋼鐵及炸藥
結構成一種物體或氣體
將血肉及筋骨　重組塑成火藥鋼片
或將炸藥鋼鐵　加工重製成肉體
將粉身碎骨溶合塑成虛擬之銅像
也將靈魂昇華為自己的神

※　※

一聲狂轟　一陣爆裂　一群死傷　一片粉碎
自己與自己的世界同時粉碎
也將很多人的心炸得粉碎
父親的父親之父親　兒子的兒子之兒子
不斷重複地問：世界
為何一定要這樣？世界
為什麼非成這樣的世界不可？

怒火

布希之怒　血流萬里
屍暴黃沙　建設燹毀
無辜人民婦幼老殘
浮沉戰爭激流中
流離　傷殘　死亡

※　※

人肉炸彈之怒　血流五尺
屍骨橫飛　百千繁華城市
籠罩在無盡恐怖陰影中

※　※

詩人之怒　敲鍵盤以
奈米精確　超音波析度
測　製造殺戮者的
血毒素濃度　精神之瘋狂深度
精準地鐫刻於歷史光碟上

還債

賓拉登還給真主　在恐怖大死亡後
布希還給上帝　化學戰爭結束之前
戰爭還給和平　夢酣鼾聲之際
死亡還給生存　親情發酵的醫院裡

※　※

還人間情愛於相惜之頃的伊甸園
還世上仇恨在寬恕之心
生命還神　魔鬼還地獄　人還給靈魂
不還性慾　歡欣與奮延續眾生

※　※

詩人還予詩　詩還予歷史
歷史還予現在也還予未來
現在及未來還給我
　於模糊存在　骰子真理

戰火

起自貪念　旺成狂妄　悍作佔據
標的是征服　不可一世的驕橫征服
過程乃殺殺殺……死亡死亡死亡……

※　※

火　兵燹之火　殘酷之火　災難之火
燃自權勢之火　起自私慾之火　虎狼兇殘之火
而火火火……終必焚成燼
——成詛咒

王幻

【小傳】王幻本名王家文，一九二七年生，山東蓬萊人。從事古典詩詞及現代詩的寫作，垂六十年。國立東北大學中文系，美國世界藝術學院榮譽文學博士，曾先後創辦《桂冠詩刊》、《中國詩刊》並兼任社長。現兼任「世界論壇報」之《世界詩壇》雙周刊主編及中國詩歌藝術學常務理事。曾出版新詩集《情塚》、《時光之旅》、《秋楓吟》；另有《鄭板橋評傳》、《楊州八怪畫傳》、《屈原與離騷》、《黛眉小傳》、《戚繼光史話》、《晚吟樓詩文集》等著作出版。雖然先後出版十幾種關於詩文的書集，但自稱皆非經典之作；只是藻繪心中事、眼中景、意中人而已。

【手稿】

冬陽

王幻

冬陽似酒
醉紅海天一角
白鷗翻若南渡的帆影
迴蕩 迴蕩漂泊的夢

被風乾的落日
依依告別失魄的黃昏
冷眼望之彷彿一面
斗大 斗大淚珠的旗!

(丁亥初春手稿)

王幻素描像　蔡信昌繪

王幻近照

溫馨的童話

——寄給新竹奇果幼稚園小班謝子琪

爺爺：
我好想到新店去照顧你
從新竹打的電話中
傳來溫馨的童言童語

※　※

我要把這句話
銘在心窩深處
因出自幼教小班生之口
真令人難以置信

※　※

期望妳將來
胸懷老老幼幼的大愛
照顧須要照顧的人
莫限於親其所親！

愛的心曲

——寫給半周歲的外孫女小琪琪

飲妳的酒渦
讓人醉在醉裡
這張吹彈得破的小臉
只可輕輕地香一口
才不會留下手觸的指痕

※ ※

睇妳的童眸
這對黑白分明的大眼睛
水靈靈地流露
似懂非懂的光采
似在要人抱一抱的期待

※ ※

親妳的腳丫
這雙未沾染塵泥

胖胖圓圓的天足
彷若又白又嫩的蓮藕
仍帶著濯水荷塘的清香

寫給小琪琪

妳住在新竹那一邊
我住在新店這一邊
一條剪不斷的臍帶線路
藉由耳機傳遞
生活的點滴

※　※

我乃七十多的老者
妳方兩歲多的幼童
小娃兒婉轉小鸚鵡學舌
妳反覆的說：
「我在新竹看不見爺爺」

※　※

如是溫馨的呼喚
我只好駕起晨旭去到新竹
妳把情緒寫在臉上

欣然笑春風
怫然淚秋雨

※　　※

新世紀的寵兒
電視卡通促進超齡的聰穎
祝福愛在心窩的小孫女
平安、快樂
健康、成長

觀小琪琪化裝晚會

當掌聲響起
一群化裝兔寶寶的
小星星閃亮在
新竹初夏的夜空

※　　※

站在台上的小琪琪
伴隨樂聲鼓聲
舉手投足展現一片
天真活潑的畫面

※　　※

望龍望鳳的家長
以數位相機
彩彩色色的拍攝
小娃們繽紛之第一步

愛的行程

細細霏霏的雨絲
連綿不斷
自新店以迄新竹
我禁足十年
未曾跨出鱗次櫛比
台北縣市的版圖
今天我拎著
滿懷愛的行程
去探望離巢的乳燕
雙層巴士
飛馳於高速公路
如一頭巨鯨衝浪而行
直達新竹縣府車站
小琪琪牽著媽咪的手
已早來佇候

她披一件粉彩的雨衣
恍若花卉畫卷
著色生輝的小蓓蕾

文曉村

【小傳】文曉村，一九二八年二月出生於河南省偃師縣（今改市）。國立台灣師範大學國文系畢業，美國加州世界藝術文化學院榮譽文學博士。一九六二年七月參與創辦《葡萄園》詩刊，任總編輯，後改任主編、社長、發行人。一九九四年十月參與創辦中國詩歌藝術學會，任第一、二屆理事長。曾任中國文藝協會、中國作家協會理事，新詩學會常務理事。現任《葡萄園》詩刊名譽社長。著有詩集《第八根琴弦》、《一盞小燈》等六種，評論集《新詩評析一百首》、《橫看成嶺側成峰》等五種，自傳《從河洛到台灣》台海兩岸出版，最近出版的是《雪白梅香費評章》。

【手稿】

三代

文曉村

爺爺說
太陽是太陽
月亮是月亮
不能混淆視聽

兒子說
白天出現的　是太陽
夜間出現的　是星星
關鍵　在於時間

孫子說
把太陽畫得小一點
就是星星
把星星畫得大一點
就是太陽

化繁　就要簡單

原刊一九九九年青《聯合副刊》
二〇〇一年入選創世紀版
《九十年代詩選》
二〇〇三年入選九歌版
《中華文藝大系·詩卷》
二〇〇七年入選國立編譯館
《文學讀本》

文曉村素描像　蔡信昌繪

文曉村近照　邱淑嫦攝

紅夢夢十二金釵七首

林黛玉

瀟湘館與怡紅院
玉來玉往令人羨
都說是木石前盟今世會
那知是雪芹故弄玄虛催人淚

※　※

但看那黛玉葬花焚詩稿
寶玉裝瘋賣傻入空門
冷冷清清的瀟湘院
玉蕭聲聲隨風吹

王熙鳳

人道是
丹唇未啓　笑聲先聞

機關算盡　聰明過人
卻終不免算掉了卿卿命

※　※

恰似一面浮世鏡
讓後世千萬讀者
都能從鏡子中
看到笑裡藏刀的面孔

薛寶釵

把愛情當作人生的競爭
花銀子買人心　也就罷了
怎能讓王熙鳳耍手段
打造移花接木的金玉緣
真相揭穿時　便注定
寶二奶只是一個動聽的虛名
午夜獨守空閨　那種刺心的
痛苦　又能對誰訴

史湘雲

在大觀園的群芳中
史姑娘獨具男兒風
只可惜曹雪芹惜墨如金
高鶚又揣摸不準
害湘雲徒有金麒麟
終未能成就金玉盟
徒然感歎　枕霞舊友如
柳絮　春風飛去無影蹤

妙玉

檻內人與檻外人
坐在棋盤前對奕
真的是棋逢對手的良友
偶而　眼波流動
一旁看棋的花草

也不免心旌搖啊搖
奈何造化弄人
玉潔白璧竟蒙塵

秦可卿

莫非曹雪芹是一個渾人
明明說寶玉夢遊的是
太虛景　卻怎麼
忽然出現了一個秦可卿
還教寶二叔初試兒女情
這端的　到底
是誰亂了誰的倫
費疑猜　弄不清

襲　人

縱然　在怡紅院中
與寶玉有過一段

似懂非懂的雲雨情
在寶二爺的身邊
也是日夕貼身的蜜友
奈何丫頭終歸是丫頭
且揮淚辭別怡紅院
任離愁　如水流

春天的落葉

小病之後
我終於又可以爬山了
心裡有說不出的高興

※ ※

三月是春天啊
腳下怎麼有黃色的落葉？
我抬頭看看
樹上的葉子既綠又濃
這才明白
縱然是春天
也難免新陳代謝的上演

※ ※

可不是嗎？
半公里的山道
我走走停停
竟然花了三十分鐘

書懷

聞吾鄉偃師杜甫紀念館落成

讀二十世紀的春望
面對破碎的山河
不敢陪花朵濺淚
十六歲的少年郎
毅然奔向救亡的戰場

※　※

生命在戰火中淬煉
苦難是唯一的冠冕
以致天涯羈旅五十年
只能在夢中謁詩聖
聽母親紡紗的歌聲

※　※

而今　有鄉卻無土
不知夢魂歸何處

海天茫茫　但見
一只飄飄的沙鷗
伊水洛水向東流

文林

【小傳】林文俊，筆名文林，政治大學畢業，美國密西根州大學教育碩士。曾任教師大、美國史丹福大學、明德大學、德國杜賓根大學，現任教美國博敦大學。

文林原習古典文學，十年前始學新詩。為中華民國新詩學會，中國詩歌藝術學會會員，並擔任理事、常務理事等職。先後參加葡萄園、三月詩會、林家詩社等團體。作品有「文林短詩選」，由香港銀河出版社於二〇〇四年三月出版。

【手稿】

正名

當年　母親為她正名
因　母親改嫁

之後　自己正名
因　出嫁從夫

如今　再次正名
想　回歸生父

下回呢.

文林素描像　蔡信昌繪

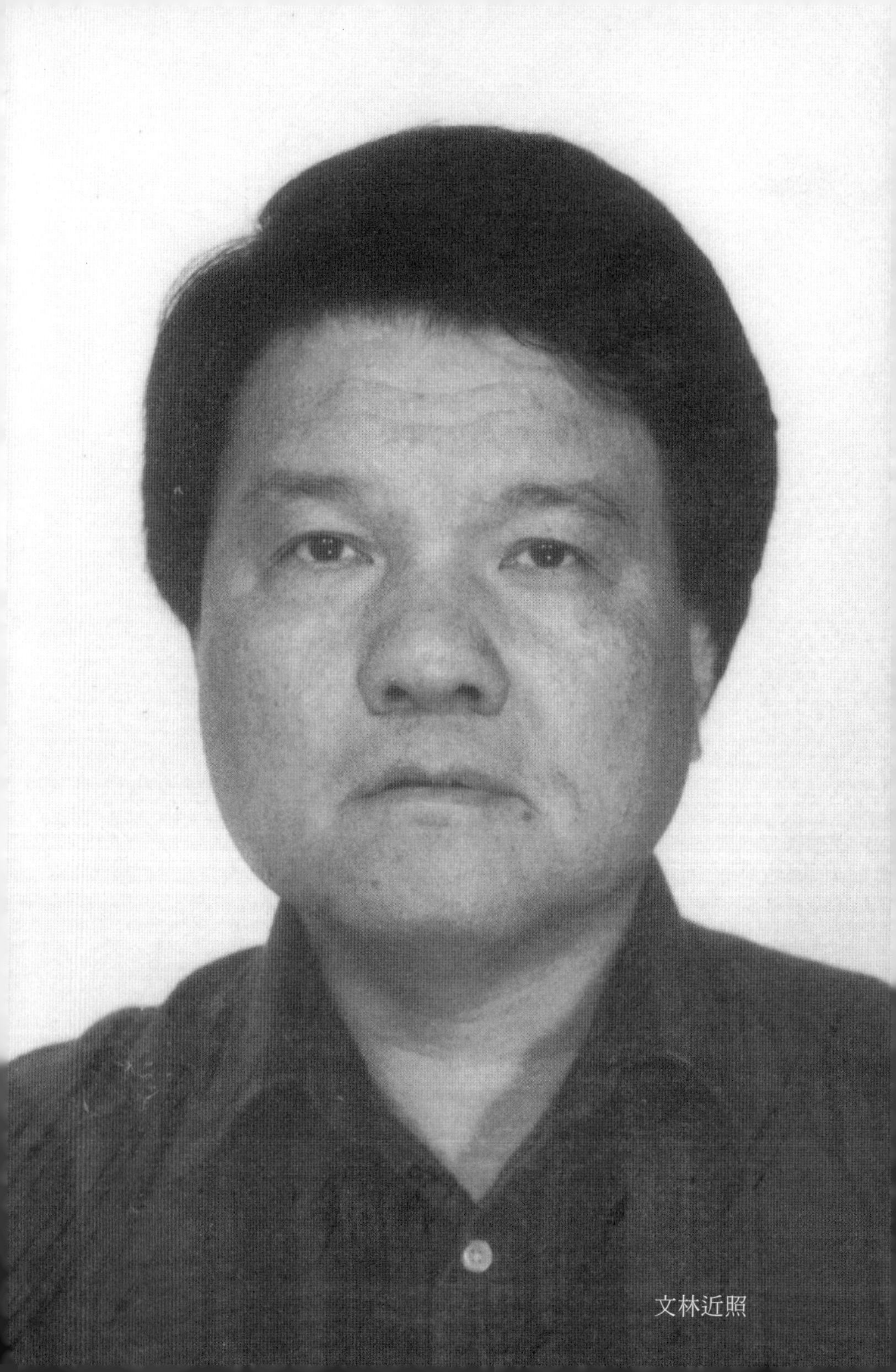

文林近照

十二號車廂

像是宿命
十二號車廂
永遠殿後
即使重新再來

※　※

掛了多少希望
在每年一班的列車上
滿意或不滿
總在此地結算

※　※

滿意的　續航
不滿的　再出發
來年
再會於此

雪之輯

雪後

裹了一身白粉
以為等著下油鍋
一夜醒來
卻被送進了冷藏庫

雪地

厚厚棉絮包了半年
還能呼吸嗎
撤走棉被
臉居然還是綠的

雪花

我不在乎雪

但為何底下有冰
我不在乎下雪
但為何雪中帶雨

※ ※

無數次跌倒
無數次打滑
教會我
細白鮮嫩的雪花之下
一切難測

黃塔——赫德林之塔

真是好風水
詩人的黃塔居
依山傍河
更兼大教堂的鐘聲

※　※

日日圍繞的是
沙洲群鴨
時時佇足的是
橋上過客

※　※

群鴨
在水中覓食
過客
在想何時得以泛舟

德國詩人赫德林 Friedrich Hoelderlin（1770-1843）最後三十六年起（一八〇七起），隱居德南巴登弗騰堡州杜賓根市名勝內卡河畔之黃塔內一室，今人稱之「赫德林塔」。傳聞其晚年精神有礙，困居該處。市內交通要道內卡橋約在百尺之距

憶亡妹

當年　我抱過你
那年　我抱過你的小孩
那天　握著你手
相對無言

※　※

我知道
鬆手後你將遠離
你知道
鬆手後將再難見

※　※

安詳
是你告別微笑
平靜
是我回首的欣慰

※　※

樹邊的鳥語
暫伴你的小室
秋風起我會再來
探望草地下的親情

憶愛河

有情侶散步
有閒人垂釣
三輪在河邊攬客
童子在一旁嬉戲

※ ※

水濁了
人散了
攬客的是點點流鶯
遊蕩的是摩托少年

※ ※

聽說水不再濁
聽說有人發現魚蚌
夜晚更加喧嚷
是四周新廈引來的人潮

※ ※

又現雙雙人影
卻不見當年釣客
河水招回了人氣
也流走了閒情

金筑

【小傳】金筑，本名謝炯，貴州省貴陽市人，一九二九年生，國立台灣師範大學畢業，曾任軍職、教職多年。五〇年代開始寫詩，早年加盟詩人紀弦所組成的「現代派」，曾任《黔靈報導》執行編輯，中華民國新詩學會理事、現任《葡萄園》詩社社長、《貴州文獻》主筆，中國詩歌藝術學會、世界華人詩人協會理事，三月詩會同仁，篤信基督，擅長新詩朗誦，舊詩吟唱及聲樂。尤其對新詩朗誦有突破性創見及表現，融會詞曲、戲劇、聲樂的技巧和節奏、獨創新的朗誦風貌、展示新的旋律、壯闊時，氣勢奔騰，委婉時如行雲流水，幽怨生姿，只要稍留意聽，必共鳴響應、顫動心弦。曾在台灣和大陸各地朗誦。所到之處皆風靡，獲致佳譽。著有詩集《金筑詩抄》、《飛絮風華》、《金筑短詩選》（中英對照）等。曾獲中國文藝獎章及詩運獎等。

【手稿】

滄桑史

翻讀史冊
每個字都在哭泣
掩卷閉目
血滴滴滿
汗串串流
字字蛻化成春秋

金筑素描像　蔡佳昌繪

金筑伉儷近照

新的超越

·二〇〇七年春丁亥頌詩·

藍天綠地的景緻，本來是匀襯美麗的調色，
徜徉、徘徊、盤桓其間，會有抒放高越的感受，
一旦藍天密佈陰霾，綠地充斥迷瘴，色調的線條，
被扭曲破損；此其時，快把心靈的觀景拉升，
回歸寧靜自然，橫掃陰霾暗影，廓清迷瘴黑霧，
敞開裨益世道的一貫真心，以獨醒獨清的高潔情懷，
迎　丁亥新春的蒞臨。觀瞻人間最美好的正面，
仰觀朗朗乾坤，樂哉於形、快哉於心，拔騰於五色之外。
不管陰霾迷瘴的困惑
山雨欲來的白刃　短兵相接的纏鬥
不管非鹿非馬的辯證
夸誕不經的口水　黑白蜚語的質疑
讓　全新歲月　吞吐八荒
孕育新的意象

由詩人鼓弄平仄　敲擊音韻
風迴紙上　筆尖燦花
共同來締造一座
現代精金的新耶路撒冷

夜郎種夢

黔山蒼蒼　烏江泱泱

那是我們種夢的故鄉，滋長向天涯，向八荒。在慘澹歲月中經營，經歷雨露風霜，夢，終於冒芽開花，浪漫在阿里山　泛漾於日月潭。

如今，我們將纍纍垂垂的果子，以詩書畫的光彩亮麗，真切的情愫展現出來，展獻給我們衣胞之地，黔靈，我們的故鄉。

曩昔，古樸　純靜，曠怡的家鄉，以雲錦繡夢，以彩虹織愛，踏著歌聲的翅膀，滿懷狂飆的遠想，唱出明天會更好。

而今，我們的故鄉，躍進在雲貴高原上，高樓廣廈櫛比鱗次直指雲天；交通梭織往來，躍進四方；人文薈萃，吟哦四季，風雅君子，山高水長。

更有那：茂蘭喀斯特的原始森林，望重於世；武陵山脈的主峰——梵淨山風骨嶙峋，威重華夏之邦；黃果樹大瀑布千丈直下，注入犀牛潭，馳奔海洋；原生的百里杜鵑林，幽雅芳香，風送給遊子，傳輸母愛的廣大泱漭。

今日，遠方的遊子風塵僕僕歸來，探視夜夢黔靈思悠悠的故鄉。

故鄉是一張美麗的畫幅，天天影照在我心上；故鄉是一詩篇，低聲吟哦，高聲歌唱。

祝福您　願您——

頭頂萬里穹蒼　腳踏千尋大地；以乾坤的威勢，壯懷風雷的剛強；以磅礡凌厲之魄力，扛起一個太陽，一腳踢昇起一個月亮。遊子們，以詩書畫的脈搏與您一齊跳動，以心的呼吸相連，以生命的彩筆，彩繪您致力創造燦爛歷史的輝煌。故鄉，你是我們的最親　最美和夢中的歌唱。

窗前小品

捲簾　窗外一片新綠
羅列　蓊鬱的青春
盆栽　出自纖柔的素手
只有　欣賞的眼睛
才使彩姿　動容

※　※

飛來一枚蛺蝶
翻翔踴躍
靜靜的場景
嫋娜　芳菲　搖曳
掀起嫣然的騷擾
以G弦的音浪
層層浪起
顫悠悠　一窗的動感

※　※

我全神凝眸
溫婉迷思
彈指　頃間
繆斯抓住蝶翼
窗前的風影
上網了

狂飆的雄姿

·賀楊政敏大師畫作馬群展·

長鬣飄雄風
印蹄踩踏萬鈞節奏
尾翼掃落曠野塵埃
萬里閃爍流火的奔馳
慷慨嘶鳴　嚼食大草原的陽光
傲嘯貫日月　浩氣壯山河
飛蹄綻開勝利的花朵
啊啊！震撼大地的閃電
向　漠野　山岡
向烽火　向歷史的青雲
疾風如弓箭矢放
飆獵一枚輝煌的落日為獎賞
風雲湧動　年華蕭蕭
馳騁的夢永不凋

一滴·酒

飲下一滴　一滴
一滴緋色的佳釀
炫惑嫣紫的柔媚
紅潤半邊天　愛在臨風中捲簾
飲下一滴　斗酒之一滴
醺醉成香坵　淚滴花謝花飛的心情
芳菲嬝嬝　愁緒盈盈
一滴　只一滴
一滴冷香　一滴暮雨
一滴冷卻的春　一滴冷冽的情
一滴　昏鴉中的人影

麥穗

【小　傳】本名楊華康，浙江餘姚人，一九三〇年出生，從事森林工作三十餘年。曾加盟現代派。擔任過《勞工世界》、《林友》等月刊主編。現任中國詩歌藝術學會副理事長，中華民國新詩學會理事、《海鷗詩刊》、「三月詩會」同仁。《世界詩壇》雙周刊編輯群之一。曾獲頒中興文藝獎章、中國文藝獎章、詩運獎、詩教獎及詩歌藝術創作獎等。曾出版詩集《追夢》、《山歌》等七集。散文集《滿山芬芳》等二集，詩論集《詩空的雲煙》。

【手稿】

重履林間小徑

[illegible]

97.2.26.[illegible]

重履林間小徑
不是來賞山景
也不是運動健身
是來撿拾一些遺落在林間的
回憶

一隻蝴蝶撲面而至
彩衣 舞姿依然眼熟
場景卻有隔世般陌生
伸手欲招來一敘
訴說鋸斧離山後的林間歲月
我卻驚慌失措地擺脫而逃
似乎恐懼人類的那双手
又將攜帶斧斤入山

山徑不是天生自然的
是腳印疊著腳印踩出來的
獵人 苦力 林工 山住民
獸的蹄 禽的爪
現在這些都成了過去
此刻傳來一片登山者的喧囂
使我想起伐木時的鋸聲

23×20＝40＝460

麥穗素描像　陳明朝繪

麥穗近照

馬來回家了

——泰雅之歌

用爬山岩峭壁的功夫
爬鷹架
用打山豬獵水鹿的力氣
搬運水泥
馬來　把工地當作獵場

※　※

用搭蓋額啊散的技術（註）
釘模板
用架設陷阱的智慧
紮鋼筋
馬來　把工地當作部落

※　※

白天他拚工作
透支大量體力

夜晚上卡拉ＯＫ
盡興高歌狂舞
欲尋回一些祭典的狂歡

※　※

紅標加維士比
五加皮對雪碧
酒精一杯杯地進了肚子
家鄉的父母妻兒
一個個被擠出腦際

※　※

醉了
馬來醉成一隻龐大的山鷹
棲息在鷹架上的雲朵裡
腳下高低錯落的高樓大廈
被瞄成一片茂密的森林
腳一浮升
山鷹展翅了　俯衝
衝向日夜思念的叢林裡

※　　　※

離開雜亂的三等病房
接受張開萬道金臂
來自部落的陽光
歡迎他回返
捕過竹雞抓過松鼠
跳進溪澗射過苦花的老家

※　　　※

可憐跛了腳的馬來
已無法上山下水
曾經把青春砌進
一棟棟豪宅華廈的他
更無能力
營造一間屬於自己的
家

二〇〇五、四、十五、於烏來山居

註：額啊散（Ngasal），泰耶語家或屋。

紹興・紹興

紅的　白的
我還是喜歡黃的
約翰走路　英格蘭禮炮
取代不了女兒紅　花彫
海尼根　一番榨
冒再多的泡沫也比不上
加飯　善釀

※　※

從勾踐簞醪勞師的江中
取大禹治過的水
掛上歷史的標籤
汲鑑湖水　引蘭亭流
甏中有詩味
甕內飄墨香

※　※

去咸亨　溫上一壺
剝著回香豆
找孔乙已嚼舌
喝著　喝著醉眼中
出現了長袍飄逸的魯迅
偕羲之　放翁　文長進了店
「嗨！你們也來買醉？」

※　※

紹興是
水鄉　酒鄉
到處飄著
水香　酒香
一罈罈醅醁醇醪
喝不盡不醉不歸的
老酒　黃湯

二〇〇六、八、十九於烏來山居

歲末在北京

雪
染白了紫禁城的琉璃瓦
金鑾殿老了
冰
凍結了頤和園的昆明湖
宮苑也老了

※ ※

任寒風
襲擊居庸關的敵樓
長城老了
任低溫
重壓祈年殿的鎏金寶頂
天壇也老了

※ ※

積雪盈尺的天安門廣場

在展示重裘棉氅
零下四度的王府井大街
在競銷時尚皮草
胡同裡尚未張貼春聯
聖誕樹卻搶著
在街頭閃爍炫耀

※　※

京城裡遍地覆蓋著厚厚的
霜雪堆積的歲月痕跡
從數千年疊蓋到近幾年
而今天
一個浪跡天涯的吟者
從彼岸蹈海而至
在年末歲暮的寒風中
來踩踏一片豐厚的歷史

二〇〇四、十二、廿四、北京初稿
二〇〇四、十二、廿七、定稿於烏來山居

寂寞

——寫獨居老人

一壺清茶
一瓶老酒
一台電視
一床木板
一個老人

※　※

喝清茶沒有清談對手
飲老酒缺乏老友酒伴
看電視老是你爭我鬥
躺在木板床上
陪伴的總是一場
寂寞

二〇〇七、六、十九詩人節於烏來山居

徐世澤

【小傳】徐世澤　江蘇東台（興化）人，一九二九年三月十三日生。國防醫學院醫學士、公共衛生學碩士，曾赴美、澳、紐等國考察研究，十度代表出席世界詩人大會，足跡遍六十四國。曾任醫院主任、秘書、副院長、院長、雜誌總編輯等。作品散見各報章雜誌，並列入世界詩人選集，出版中英對照《養生吟》詩集、《詩的五重奏》、《擁抱地球》、《翡翠詩帖》、《思邈詩草》、《健遊詠懷》、《並蒂詩帖》等。

曾獲教育部詩教獎。現任中國詩人文化會副會長、乾坤詩刊社副社長、源遠雜誌編輯委員會等。

【手稿】

新歲

徐世澤

冬天辛苦醞釀
抽芽吐蕊
蘊育了春天的甦醒
人們活眉活眼的流露出喜悅

清新的嫩枝綠葉閃亮
101巨型仙棒的烟火秀
三分鐘璀璨炫麗的八種光澤
把熱鬧與幸福寫在臉上

越來越覺得
年輕時的熱情與狂熱
很難再從頭溫起
真正相親相知的是老伴兒

2007.1.6.

徐世澤素描像　墨韻繪

徐世澤近照

風

當我開始時
趕走四周的寂靜
萬物因我而有了生氣

※ ※

我在花葉上低吟
在樹枝頭詠嘆
在山谷中歌唱

※ ※

我舞弄纖纖柳枝
舞動落葉紛紛
舞出滔天波浪

※ ※

我時而溫柔
時而狂暴
善變是我的天性

環球旅遊

為了飽覽各國風光
鼓著風、披著雲、踩著浪
衝開一路浩浩蕩蕩
向天涯
抱著地球走
尋找驚奇和願望

※ ※

我和各種不同的人群握手
越過北角、洛卡岬、好望角
火地島、阿拉斯加、三大洋
觀察大冰河、大峽谷
大沙漠、大瀑布、鬥牛場
走遍熱帶雨林、鐘乳石洞
目睹北極光、午夜的太陽

※ ※

飛翔、飛翔
向著水天一色的遠方
穿越迷濃雲煙
循著規劃航向
周遊世界名勝古跡的感覺
如甘露般傾注我身上
（九十五、六、三）

人生

人生不過是場幻夢
少壯時期
靠著相互競爭而緊張維繫
隨著勝負起伏而成長凝聚
彼此消耗吞噬

※ ※

自己耐心地盡情發揮
向上提升成熟
風雨降臨時難免幽暗傷悲
不必訴苦氣餒
烏雲之後太陽依然明亮生輝

※ ※

歲月流星般滑過
將人折磨成一顆衰朽的樹
悲哀濃縮成眼角的魚尾

在可怕的喧囂裏
那如深淵的夜晚令人恐怖

※ ※

回想一生
歷經多少次小成
曾換得稀疏的掌聲
但願晚年
像黃昏短暫卻璀璨的流星

枯木

山中枯木
想為人類做些益事
願把自己燃燒起來

※ ※

漆黑的夜幕
幾位登山客路過
想取來燒火取暖

※ ※

它們不怕灼痛
以美麗的火焰
散播溫暖，獻身人間

悲歌

討債鬼緊跟著
夜以繼日
更從無處可逃的牢籠裏
抽空他的呼吸

※　※

時間不憐憫這暗淡世界
暮色降臨
他心生恐懼而戰慄
只想沉睡

※　※

他不讓孩子感受到痛苦
想用方法一起了斷
圍炭爐取暖
孩子的臉蛋相映紅

※　※

這一金融的殘酷設計
竟連日發生慘劇
他們死得如此輕易
把問題留給了社會

雪飛

【小傳】雪飛，本名孫健吾。一九二七年一月一日，出生於重慶市酆都縣。醫師。中國文藝協會監事、中國詩歌藝術學會，及高雄市青溪新文藝學會會員。現擔任中華民國新詩學會理事，秋水詩刊社副社長。

其長詩曾分別獲國軍文藝銀像獎、青溪文藝金環獎。並於二〇〇二年獲頒詩運獎。已出版詩集有《山》、《大時代交響曲》、《雪飛世紀詩選》，《歷史進行曲》及詩論合集《滑鼠之歌》。歷年來作品被選入兩岸多種選集。

【手稿】

天使的歌聲

雪飛

不需乘坐
科學的光波飛行
妳有美的翅膀
不必藉e世代的電子聲波
來傳達愛的信號
妳有悅耳歌聲

妳的歌聲迴旋於
天上人間，人間天上……

二〇〇七年一月二十一日

雪飛素描像　蔡信昌繪

二〇〇六年十二月二十三日，參加秋水詩屋詩歌朗誦，
在會中講話並朗誦自己作品。旁坐者爲風信子。

送妳最後一程

最後一程
牽著妳的手
因為，我在護送妳
投向上帝懷抱
雖然妳的手逐漸冰涼
我還是像往常
一直牽著妳的手
不時輕輕撫摸
妳頭上的手術疤痕

※　　　※

離開加護病房
一塊白布
就將妳與人間隔絕
因為，妳那靈魂的窗户
已經輕輕關上
送妳的車要過橋

我必須大聲
提醒妳：過橋了！
希望妳的靈魂不要離開我
獨自去流浪

※ ※

家人和親朋都告訴我
從此妳已經脫離
將近五年來的苦海
安祥地走進
一個平安喜樂的新世界
是喜，不是悲
但我還是流著淚
不捨得與妳就此分開
一直牽著妳的手
雖然，妳的手
已經冰冷……

二○○四年一○月二九日，
妻逝世日深夜。

無人接聽的手機

——記台南縣梅嶺大車禍

一群手機
紅的、藍的、黑色的、銀色的……
不時發出呼叫聲
像在尋找它們的主人

※　※

那此起彼落的聲音
只能告知主人們遺留在旁邊的
帶血的、殘破的
一堆衣帽鞋襪及隨身物件

※　※

手機無人接聽
主人們哪裡去了？
二十二人死亡、二十四人重傷
都去了醫院或殯儀館

※　※

一場嚴重的大車禍
遊覽車滾落在三十公尺深的山谷
十二個家庭破碎了
七個孩子變成了孤兒

※　※

難得機會遊覽
在車上都露出輕鬆愉快的笑容
誰知轉眼變成痛苦、哀傷
手機已無主人來接聽

二〇〇六年十二月六日。

騷動

發酵的自由
在大腦裡釀造葡萄美酒
反抗的哲學
將文字從文法的監牢裡釋放
在目無文法的廣場
掀起一片揚棄的騷動
揚棄破舊的落伍
揚棄過去式、揚棄未來式
揚棄現在進行式……

※ ※

在這語言瘋狂的年代
不同詞性的文字群起騷動
每個字都瘋了
或歌、或舞、或高呼
他們要立刻行動

推翻那自由的看管者
破壞、摧毀
如暴風橫掃全球

※ ※

文法的廣場
不見文法蹤影
自由釀造的葡萄美酒
使人沉醉
反抗運動的哲學
令人瘋狂

二〇〇四，九，二三。

開採一齣新的夢

去年已走了
在昨夜的告別聲中
它留下的只有
一年裡舊夢獨自回憶：
愉快的、悲傷的
或是美已破碎的片片廢紙
還在天空四處飄蕩

※ ※

一齣新的夢今晨醒來
已開始在你大腦中靈動
在那邊緣系統
情感中心的神經網路
讓我們重新構圖一幅愛與美的風景
啓動最新的電腦程式來完成
用我們牽手溪畔

靜聽流水清唱的鏡頭
用那白雲在藍天的畫布
自由浪漫之曲線
用紅色、白色玫瑰的芬芳
在綠的森林中
情話綿綿的倩影……

※ ※

那靈動在你大腦裡夢
正在展開收集：
你人生寶貴的珍藏
心礦裡無數鑽石、瑪瑙、珍珠
精選構思來創造
比香格里拉更美的人間樂園
比翡冷翠那夜愛的故事更動人
重新開採出一齣
天上人間最美的夢

二〇〇七年一月一日晨。

附註：新詩《翡冷翠的一夜》，徐志摩作。

許運超

【小傳】許運超筆名許燕菁，一九三九年八月生於廣西省合浦縣，現居台北市，軍校畢業，從小愛詩、讀詩，也寫詩，一九五七年十七歲發表第一首詩以後，斷斷續續的在雜誌、報紙副刊發表作品，一九六三年起曾因公忙停筆，一九九六年九月退休後重投繆斯懷抱，寫詩自娛，期許自己將來能寫出傳世之作。現為「三月詩會」、「葡萄園詩社」同仁、中國詩歌藝術學會會員。

【手稿】

相逢

許運超

小小的公車站
候車者三五人
我跟她四目相視
似曾相識的眼神
撥開了我沉澱已久的記憶

公車來了
依然記不起她的名字
她上車了
我驟然想起
車已絕塵而去

二〇〇六、九、十五 台北市

許運超素描像　蔡信昌繪

許運超近照　林錫嘉攝

有關火四首

火

火
是他
點燃的
越燒越旺
勢不可收拾
馬上燒到自己
就變縮頭龜
嘍囉們又
急著為
他滅
火

觀火

對街大樓起火
濃煙將天空塗成一片黑
窗口吐信秀出一場悲劇
而簇擁圍觀者議論著
燒的不是自己

火大

不是柴燒得旺
不是面積燒得大
而是壓抑太久

火食

終結茹毛飲血時代的產品
紅的時候萬人空巷
當過兵才知道好壞

二〇〇五、十二、一

假如此刻沒有電（外一首電）

福蘭克林引發的這股電流
照亮人類一百多年
但他沒有料到
夜　被顛覆了

※　※

城市景觀水泥叢林
都被粧點得萬紫千紅
讓夜沉寂黑暗的意象
有著春天的感覺

※　※

夜被顛覆之後
霓虹燈閃爍著春花
熱鬧場域如白晝的炊煙
染白了夜色
夜已非夜

春天也走錯了腳步

來電

也許是眉目間不經意的交流
也許是某個小動作的誘發
瞬間的牽引
激起熱情的擁抱

二〇〇六、一、六

説酒外一首

有人説你是穿腸毒藥
李白説有你詩百篇
愛你恨你
不因朝代的更替在所多有
恩怨情仇千百年
你已形成一種文化

※　※

獨酌解憂馳神
感受那不可一世的自我情境（註）
對飲打開記憶
重溫那前世今生
聚喝情緒昇騰
觥籌交錯成另一種風情

※　※

宴筵無你不成席

知友相逢千杯少
舉杯是人生
放下也是人生
怕只怕啊
將你灌入愁腸

二〇〇六、九、二

註：諾貝爾文學獎得主美國人威廉福克納說：「一杯下肚後，我覺得自己大了一點，聰明一點，高一點，兩杯下肚後，我覺得自己是最棒的，喝得更多的話，簡直覺得不可一世。」

十二月某日

十二月某日　有夢
夢中我是一隻鳥

※　※

清晨　無雪有風
站在玉山頂上　俯視
雲霧在峰巒間飄湧
分不清是河是海？是濁水是清流？

※　※

午後　下過一場雨
停在濁水溪旁　看不到
大河的氣勢只有涓涓細流
是河瘦了？還是水瘦了？

※　※

傍晚　雨後陰冷
立在一〇一樓頭　鳥瞰

萬家燈火映照路上的積水
滾滾車流碾碎了浮面的繁華

※ ※

十二月某日 有詩
晴晴雨雨陰陰冷冷是寶島的冬季

二〇〇六・十一・廿二

傅予

【小傳】傅予，本名傅家琛，年逾七十仍寫情詩，因心理年齡才十七歲，祖籍福建林森。

出版詩集：《尋夢曲》《生命的樂章》《傅予短詩選》任職公職四十六年，退休後曾經是《葡萄園》及《乾坤》詩刊同仁，在那一段日子裡，如同我走過的路，將會留下痕跡，現在我只想放空自己，尋找一個陌生的「我」！至於詩嗎？它是我生命中的維他命，但也是嗎啡！

【手稿】

剎那的永恆

傅予

一朵白雲停格在一座山峯
一道閃電停格在一响雷鳴
一滴水珠停格在一簾瀑布
一首小詩停格在一張稿紙

一尾精蟲停格在一粒卵子
一粒卵子停格在一個生命
一個生命停格在一塊墓碑
一塊墓碑停格在一尊銅像
一尊銅像停格在一顆星球
一顆星球停格在太陽系的銀河上
太陽系的銀河，停格在
人類的未知數上……

傅予素描像　蔡信昌繪

一朵白雲的故事

傅予

誰說白雲飄泊沒有家園
誰說藍天是永恆的沉默
誰說大海又在演奏一首古老的悲歌
誰說彩虹跨越海峽是一座美麗的橋

你可曾聽到午夜靜極的天籟
你可曾看到雷雨中白雲的歸宿
你可曾看到大自然的一把萬弦琴
它從天上演奏到人間
為了洗滌大地的污濁
為了這凹凸不平的人間而泣訴

烏雲釀成豪雨
豪雨挾帶著土石流、蛤蠣和屍塊……
在板塊擠壓的斷層上
時間用巨掌磨合一次偶然
萬古的幽靈遂在那兒控訴，控訴

傅予近照

（一行詩）時間①

太陽一生的行程

時間②

是誰
用朱砂紅筆
在藍天的紙上
劃下一條
沒有起點
沒有終點的
——直線——
輪迴在一個黑白的輪迴中
日出
日落，日落
日出……

填充題

天空的　空
讓
飛
鳥
的
翅
膀
填
它

我的名字寫在水上

我的名字寫在水上
寫在長江的後浪前浪上
剎那間——
它消失在白浪滔滔裡

※ ※

我的名字寫在藍天上
寫在滿天晚霞的一朵白雲上
剎那間——
它消失在茫茫的暮色裡

※ ※

我的名字寫在太陽上
它在時間的鐘擺上
它如同太陽——
永遠在東西兩極間擺盪

※ ※

我的名字寫在地球上
寫在時間的指針上
它如同地球——
永遠環繞著太陽趴趴走
二〇〇六、二、八于小巢

眸

當我的眸子對著你的眸子
我看到這世界縮小了，小到
整個宇宙都躲進了你的眸子裡

※ ※

當你的眸子對著我的眸子
我看到你的眸子放大了，大到
它讓有一個人裸泳於妳的眸海裡

二〇〇七、四、廿八草于摘星樓

我送你一首小詩

我送你一首小詩
我寫了又寫
從一行寫到十行
寫到百行，千行，萬行……
最後我的詩不寫在紙上
我把它寫在春天的腳底下
我把它寫在一朵玫瑰的花瓣上

※　※

我送你一首小詩
我改了又改
從一百行改到五十行
改到十行，五行，三行
最後改成一行一個字
它依然不能表達我的情意
我只好把它寫在我的心裡

它的讀者只有一個你

二〇〇六、二、十五

晶晶

【小傳】晶晶，本名劉自亮，生於一九三二年。河南省人，浙江省立杭州女中畢業、軍職退伍，現任葡萄園詩刊編委、三月詩會同仁。作品曾獲中國文藝協會第廿七屆詩歌創作獎章。著有詩集：《星語》、《曾經擁有》、短篇小說：《火種》、長篇小說：《春回》、《歸情》等多種。

與詩結緣，是為偶然，以文自娛，藉詩會友，淡淡生涯、適性隨緣，做個喜悅的人。

【手稿】

與詩有約

晶晶

在月初週末的午后
兩杯水灑灌溉一紙良田
從單一的主題播種
耕耕 耘耘 咀咀 搜搜
用盡追風的速度 仍然
抓不住那縹飄忽的靈感

藉着半酣酒意
苦心裁剪出一片
轉眼即逝的春景
有悲愴的吶喊
孤哀的嗟嘆
縱情的探唱 以及
無視於育月生死的絕望……
不約而同向靈魂深處探索
在這焦糊的日子裡
渴望絕苦一線清明

盡歡歡心 早忘了
誰領風騷

二〇〇六、四、一、

晶晶素描像　蔡信昌繪

晶晶近照

醉的邊緣

小酌　飲詩而醉
微醺　給人一雙翅膀
馳騁　奔放　滑翔　羽化
層層次次的快意
一分一寸釋放積壓的重負
發酵的精靈　在眼前
閃爍　漫遊　盪漾　踴舞
朦朦朧朧的溫馨
一點一滴解凍冰封的煙塵
休眠的心　在蒼茫中載浮載沉
早已分不清
天涯多遠　海角多深
醉　也許不是一條歸鄉的路
只是個啓航的渡口
從這兒出發　試著去

尋覓那一絲不絕如縷的記憶
忍痛掀開血淚的舊創
再一次領受生命最深切的痛

二〇〇六、九、四

戲說人生

人們說　人生如戲　人生如夢
人生常恨水長東……
被戰爭一刀刀切割成寸段的　是青春
被海水阻隔在天涯海角的　是鄉愁
常年與油鹽醬醋炒炒拌拌的　是生活
每天在酸甜苦辣中翻滾的　是心情
掉進欠汁料理成一盤漿糊的　是明天……

※　※

這個世界似乎都走了樣
地圖要橫著看才清楚　官員如是說
人類要倒著走才健康　專家如是說
出訪要飛星際迷航才爽　媒體如是說
我啊　仍在痴痴地等　等待
轉化　淨化　凝化　物化
成一座標本　一尊化石

二〇〇六、五、廿八修正稿

十二月

年年相會　你從不爽約
你是一個無法拒絕又不能挽留的過客
短短三十一天的團聚　每次都
填滿不同的感受
盼著你時　你蹣跚來遲
忘記你時　你悄然掩至
厭煩你時　你的腳步一次比一次加快

※　※

搞不懂你的屬性
為甚麼不用你慣有的寒冬冰雪
淨化一整年的殘留污穢
卻任由貪腐的霉菌滋生撒野

※　※

並不認為你只是一個終結的句點
跨出臘月的框架　你就發芽

成為一個活躍的逗點
在生命的篇章中縱橫馳騁
寄望你在臨去的一刻　以嚴明的身影
掀開一季另類的春

（二〇〇六年十二月一日）

夢與醒

結束了繁華的夢幻之後
醒　是一種難以適應的困境
亂世中　乞夢的人
不惜用盡心力　口水
趕著複製一場又一場的白日夢
不肯醒來

※　※

逃出魘惡的虛幻夢境之後
醒　是一種解脫的慶幸
懵懂中　誤闖叢林的追夢者
總是帶著一身冷汗落荒

※　※

涉過似夢非夢的混沌邊緣之後
醒是一種清明的省思
那一閃即逝的靈光
是圓夢者最珍貴的導引

二〇〇三、七、三

落　葉

日月流轉下
生命曾經是一頁彩色的風景
由紅轉綠　從黃至褐
無憾無悔的奉獻
從不留白

※　※

新芽以嫩紅的酡顏迎春
綠蔭取光合而茁壯
秋蟬悲鳴時
只賸下一葉枯黃
北風肅殺　繁華已歷盡

※　※

離枝遠去的行腳
是生涯的另一程起步
回歸塵土

把一息殘存的生機
化作一把春泥

二〇〇三、七、二

童佑華

【小傳】童佑華，安徽巢縣人，一九三二年生，公職退休，新詩寫作閱二三十年，曾參加過第十五屆世界詩人大會，詩刊編委、名譽發行人，詩作入選多種詩專集，出版「風雨街燈」詩集一種。退休後兼習書法，作品入刊全國名家專集，現任中國書法學會監事，二〇〇五年應邀至南京參加兩岸書法家交流展。平凡平靜生活中，如一日不談詩、揮毫，便覺手癢，面目可憎。詩與書法已是生命的全部。

【手稿】

無象之象

童佑華

一頭中生代的
龍
倏然間變成了一頭頭皮
屑 在風中
奔竄著 且快速地
蛻化
不再回首
一回首 便
什麼都不是了

童佑華素描像　蔡信昌繪

民國九十年與妻回鄉探親
攝于長城八達嶺頂瑞

尋根

失根　並非無根　浩瀚大海終究有其最初的源頭
二十代譜牒——如滾滾江河灝灝長流——
洪文開萬第　茂業達天朝　忠孝傳家寶　賢才振國豪
自第十一代「忠」字輩中之一落單孤雁
越兵馬倥傯冰雪的北方
於民國三十八年春天孑然乘桴來臺而後落地生根

※　※

若以一個世代三十年時光計算
此世系第一代開山始祖
當在明末清初之季
無論安土重居烽火徙移　瓜瓞延綿
距今約歷經了三百個年頭

※　※

憶少時家鄉農曆除夕門楣懸掛的燈籠堂號
「內閣中書」四個大紅字猶歷歷在目

籍隸安徽省巢縣西鄉童家中分
綺麗的巢湖之濱　文風鼎盛　山光水色人稱魚米之鄉
此地來自黃河流域的童氏「雁門堂」
三百年前應當也是一家人

※　※

五十載歲月碾過大時代艱苦脊樑
如今有幸他鄉已然成為家鄉
不幸生長的故鄉卻變成了異鄉
不再奢望此身落葉歸根了
海中的綠蠵龜尚有眷戀回返
原出生地繁衍產卵的習性
昊天罔極　數典未敢須臾忘祖

※　※

吾後代子孫　將來若果有尋根之念
譜辭二十字真言與地籍
是乃爾輩探索故上宗祠門環的最佳引水　圖騰

花見羞

——徐積詩：東家女子花見羞，十六未嫁便悲憂。

傳說 那年歲暮冬殘 紛擾晦暗的世局 兵戎四起
有鄉野貧苦農家放牛牧童從私塾「人之初」
一路讀進都會省城「學堂」
他父親涉險從江北南來接兒子回家速速娶親過年
少年卻在前一天晚上甘冒劈面大風雪倉皇遠走
天涯 尋夢 未留下隻字片語
悲傷的父親於回程小火輪上逐將滿腔希望與憧憬
一古腦丟進滾滾怒吼的江濤訴說內心的辛酸淒楚
（只差未連同氣急敗壞軀體一齊拋棄）
曠野凜冽的北風淒厲呼號
誰能知道家中那年方十七歲待嫁女孩
聞耗她如何摘下已然戴起的新娘面紗
伊是一顆晶瀅欲滴未染朝露
少年浪人乃匆匆過往歧谷奔湧的寒泉

千峰萬壑歷愈半世紀苦難流水焉能無情
蒼茫海角日影西斜　斯人輒在昏昏孤燈下
心神恍若臨淵　百迴千漩　不能自己
啊　人生果真如戲　如夢幻　如雲煙——
「Forever, down the river of no return」

註：末尾英文擇引自早年美國電影「The river no return」（中譯大江東去）主題曲句子。

鏡子的聯想

臥室盥洗間的一面鏡子
竟將我實際歲數騙走了二十年
使俺一下年輕了二十歲
沒向鏡子說任何好話
只模仿千年前的大通禪師
「時時勤拂拭，莫使惹塵埃。」

※　※

禪宗五祖弘忍當年「使眾徒各以心得書偈語」
裨傳授衣缽。遂出現神秀前述第一首詩偈
（開頭二句為「身是菩提樹，心如明鏡臺。」
慧能則順其「式」（依樣畫葫蘆）辯道：
「菩提本非樹，明鏡亦非臺，本來無一物，何處惹塵埃。」
因而獲得弘忍首肯　是謂「六祖」。
神秀以身心真實體驗　形之詩偈
慧能空洞理論卻建立在神秀既有基礎之上

——抽象且少創意。

審詩　論事　衡理
禪宗東土第六祖　應屬
神秀　而非慧能

※　※

或謂　五祖乃觀察徒眾心靈修為而非表象
門外人曰　沒有表象　焉知心靈
既探內在心靈則又何須「偈語」

※　※

東郭子問於莊子：「所謂道，惡乎在？」
莊子曰：「無所不在，在螻蟻，在稊稗，在瓦甓，在屎溺。」
關於禪　有人亦作如下詮釋——
因有形　斯有役
若無煩惱　便無禪

雲起江闊

興致勃勃　一頭闖進了
三月詩會　群賢畢至　巍巍的　殿堂
是一新的驚喜　新的學習
甘願概括承受被「修理」的　新鮮感覺

※　※

據説一向放逸不羈又有幾分「犬儒」的張朗（註）
曾在此因過分饒舌　榮獲加冕
「修理廠廠長」雅號。
吾「後」進　未及目睹　詩廠長
想必十分精妙的演出風采。伊不知為啥中途
竟不聲不響　頂著那款
灼灼光環　偷偷地逃學　提前
溜了
照佛家輪迴説　肉體皮囊的捨棄
就是另一生命　新的開始

※　※

多麼希望俺是永被留校查看的考老童生
晨昏於蝸居十五樓頭　重新吟讀那：
遠山　近水　雲起　江闊。

註：犬儒學派 Cymicism 爲公元前三八〇年，蘇格拉底弟子安提善 Antishenes 所創，主張個人生活簡苦，排斥名利，教化，禮節等。

潘皓

【小　傳】潘皓筆名野農，一九二九年生，安徽省鳳陽縣人，國立台灣師範大學教育學士、碩士，美國世界藝術文化學院榮譽文學博士。從事教學及社會工作之研究近四十年。曾任中國文化大學、東吳大學講師，副教授及教授等職。現任朝陽科技大學兼任教授，南亞技術學院客座教授，中國社會工作協會副理事長。著有《哲思底視界》、《均富社會與經濟發展》、《民生主義經濟體制》、《中國社會安全制度之規劃與實施》、《中國社會福利思想與制度》等學術論著，及相關論文五十餘篇，頗受海峽兩岸學術界之推崇。在文藝創作方面，著有散文集：《流水十年間》、《天涯共此時》。詩集：《微沁著汗的太陽》、《在莒集》、《夢泊斜陽外》、《雲飛處》、《雪泥煙波》、《哲思風月》，尚有《孤鳥》等集，亦將陸續出版。

【手稿】

光之源

潘皓

是外太空灑下的
星之淚滴吧
抑或盤古氏釋出的視網膜

混沌中忽傳來一聲
轟隆大爆炸
哇！光之源的按鈕開啦

情之地突破了亙古
最後一層霧障
也為人類點亮第一朵愛的火花

潘皓素描像　蔡信昌繪

潘皓近照

淡水觀海記

1

觀海，可以掘鑿神秘的想像
到淡水喫下午茶，能泡製淅瀝濤聲
放眼海角那將被淹沒的
殭冷小島，在夕陽醉得如瀾泥的餘溫裡
驀然找回了記憶，泅泳於——
翻騰的浪波中而打撈流金歲月

※ ※

就這樣，茶與浪花交互激蕩
演繹為海峽飄忽的煙雲
為探索夢中樂土，乃隨著風的速度，靜的恒動
以及觀音山重疊的倒影而
逐層逐層擴大，直向天之涯那
漫無邊際的未知奔流

2

紅毛城是觀海最佳的凌虛之境
鳥瞰時卻不禁揮出漫浪主義的毫芒
針對滿懷無解的心事
模擬成兩組愛恨情仇與恐怖平衡的實體
在各自迷失於霧塞之際
看誰能藉由午後的微風脫困

※　※

現在，雲把它閃爍的霞彩
潑灑在海芋的蕊芒間
好讓群集的沙鷗爭相追逐，散播出朵朵飛花
自一則寓言的水晶球上
審慎去解讀、選擇，或認定
後現代思潮的走向

3

當夜景瞬間自漁人碼頭浮現
連串若螢火族的幽靈，則悄悄地
沿著水湄飄向紅樹林蔭
但伴隨而來的陣陣飛鼠，在淡淡的月暈下
環繞著關渡大橋，用翅膀
傳遞一些模糊而又冷漠的訊息

※　※

之後，海上驚濤突爆出
一聲震撼似的雷鳴
誰知就在這時，左岸十三行往昔的燈火，忽又在
八里的丘陵地帶再度燃亮
且以黑白的二分法而同步完成
淡江之上的浩瀚星空

二〇〇四、二、十九　於淡水觀海樓

達娜伊谷溪

——因為這裡充滿著
人文氣息靈秀，所以……

在阿里山典藏的文物中
有塊會唱歌的磁石
讓天外好奇的耳朵全豎了起來

※ ※

最嚮往的應該是那些最
浪漫的孤獨詩人，且以美麗迷惘
燃亮了他夢幻之旅的凝眸

※ ※

一走進觸口，就被雲嶺
懸空的流泉吸引住
滿坑彩蝶扮演著導遊員的角色

※ ※

哇！好一灣清芬可挹的

水晶潭，其間跳躍的鯝魚已列入
原住民鄒族部落傳承之寶

※　※

但當它側著身子翻騰時
竟捲起一朵朵笑靨
瞬即跌蕩在陽光閃爍的浪花裡

※　※

可是天文學家卻又把它
歸屬宇宙的諸天體之恆星、行星
衛星，或彗星，還有流星

後記：達娜伊谷溪，是阿里山原住民鄒族部落的一塊原始勝地。遠遠的看去，好像是來自天上的一道流泉。周遭群峰聳立，雲煙繚繞，更顯示著有一種獨特的景觀風采。我這首小詩，是於二〇〇四年九月間前往旅遊時即興之作。

二〇〇五、一、三〇　於台北哲思工作室

現代夫妻三段論

一、相　愛

愛情是來自直覺
緣會使彼此
像觸電似的強烈與
莫名的衝動。於是隨著青春吶喊
瞬即便掀起了
一波波浪漫的高潮

二、相　忍

微妙的是，就此
由巔峰滑落
恍若跌入一汪冰海
如斯則只有相互包容為之磨合
才能化解冷卻

渡過被撕裂的悲局

三、相 伴

當一切恢復平靜
回憶當年那
狂熱的愛與後來那
低迷氣圍時，卻不約而同的相對
而笑，啊夕陽
已在噴灑璀璨霞芒……

二〇〇七年七月三十一日於台北哲思工作室

放下吧

夕陽一眨眼便跳進
西山外的雲海
黃昏則透過晚風滲入林蔭
去探索夜底迷思
這時，面向窗外的我
以若有所悟似的問：「你快樂嗎」
生命外的憧憬
為什麼還不能放下

※ ※

究竟這是我的愚蠢
還是沒有智慧
放不下就是另一個夢麼
只要放下，才能
使一切歸零，找回自我
也只有放下，才能擁抱自在，揮灑自如
而且所享有的，更是
那無與倫比的無邊風月啊

二〇〇七年六月二十八日于台北哲思工作室

謝輝煌

【小傳】謝輝煌：民國二十年十二月二十三日生。江西省安福縣人。讀了「長期抗戰」的八年小學，和內戰的三年初中。吃了二十七年軍糧，端了十六年工商團體（公會）的飯碗。吃過香的，喝過辣的，也啃過鍋巴皮，吞過眼淚，嚐過空心菜煮豆渣的人間美味。當兵沒打過仗，只在炮聲中洗過露天澡，查過哨。編了十幾年月刊，只憑一把剪刀。舞文弄墨幾十年，騙了一點香菸錢，但總是入不敷出。現在，連香菸錢也無處可騙了，有詩為證：「又一家報紙拔管歸天了！」只好遵醫囑：「少抽幾根了！」

【手稿】

雲

謝輝煌

我本無我
江山曾供我駐腳

※

我要走
雄關的鐵鎖鎖不住我
千手觀音也攔不住我

※

我本無我
過慣了漂泊式的生活
走過蜂鳴蝶舞的花花世界
不帶走紅紫一朵

95、12、25於石牌榮總病房

謝輝煌素描像　蔡信昌繪

攝於民國九五年十二月卅日劉建化
《詩人雕像》發表會上——邱淑嫦攝影

皇帝娘愛花

皇帝娘愛花
蜂蝶都飆起來拉皮條
一樹烏鴉
吹響拍馬屁的喇叭
天也跟著烏鴉
黑下來了

九十五年二月十五日

紅塵人生

披上衲衣披上雲
留下瞪眼的木魚，禿頭的香
陪著菩薩，陪著佛堂
交代啞巴鐵將軍
鎮守四大皆空的庵門
掀裙風自高樓躍下
指著女尼的芒鞋和瓦缽
有了這個
幹嘛還要那把鎖
莫非怕人偷走
暗藏小秘密的觀音蓮座

九十五年四月三日作

黃昏卒

有星如鑽
如夜光杯撩人的媚眼
長髮搖曳成三月的千里柳煙

※ ※

呵呵，好美的
一朵杏花的梨渦
一潭竹林下飄香的綠波

※ ※

管他今夜有沒有敵人來摸哨
且縱身梨渦中的綠波裡
醉成一隻不辨方向的黃昏卒
躺在古來征戰幾人回的詩裡

九十五年八月二十七日作

烏鳥

烏鴉不知自己叫烏鴉
鳳凰不知自己叫鳳凰
多事的人給牠們起了名
烏鴉還是不知道自己叫烏鴉
鳳凰還是不知道自己叫鳳凰
惟有兒童最機巧
都管牠們叫烏鳥

九十五年九月二十九日作

千手觀音

千手千個姿勢
欲縴渡些什麼
眾生的煩惱長在腳上
一步一個花樣
越走越多

九十五年十月二十三日作

秋夜

秋風毛毛草草
忙收著曬在柳枝上的青布衣裳
遺忘一隻破布襪掛在柳梢上
睡吧
枕石看天的蘆花小湖
別問該來踐約的月姐兒那裡去了
孤星已點亮一盞溫暖的漁燈
領航妳今夜飄泊的夢朵
雁鴨也是這一季的難民
相偎取暖妳身旁的草窩
永恆是遙遠的盛宴
月姐的懷裡不是妳戀戀的原鄉
孤星雁鴨多可人
願妳甜甜的酣睡後
不時浮起荷花初放的小酒渦

九十五年十月九日作

石縫裡

天斧劈成的石縫裡
一隻老僧説法的蝦蟆
昂首向天
嘯歌江山萬里
眼睛瞟也不瞟一下
斜倚石階當龍椅的落難皇帝

九十五年十二月十四日作

升旗臺

扛著骨質疏鬆的旗杆
揹著長滿黑斑的五大信念
守著青草們三代同堂的大操場
倒帶老兵的北調與南腔

啊
還有他們的饅頭
還有他們的青春和夢想

九十六年六月二十七日作

關雲

【小傳】本名汪桃源，一九四九年四月二十四日出生台中縣大肚鄉，花蓮私立四維高中畢業現肄業空中大學。曾任職私立財團法人友好潛能發展中心。《在智慧邊緣的孩子》一書，已由心路文教基金會出版。

曾獲三十屆耕莘寫作班戲劇組佳作獎，三十屆耕莘寫作班文學獎，第六屆小白屋幼兒詩獎，八十七年十一月熱心公益身心障礙福利績效良好獎、九十六年五月模範母親獎。

從事創作散文、小品文、廣播劇、兒童文學及現代詩多年，作品散見台時副刊、民眾日報、新陸詩刊、葡萄園詩刊、大海洋詩刊等。

【手稿】

三月詩會

黃粱一夢 關雲

穿過歲月的轉彎處
獨對畫裡仙山飄緲雲霧氣沉醉
不聽耳畔研討紛雜聲
我在五指摸不着的深山處
坐一禪

關雲素描像　蔡信昌繪

關雲近照　林錫嘉攝

郊遊三題

又一村

走呀走的
彎彎的路　幽徑深處
　一路的風景
迷霧裡找不到
　下　一　站

畫的風景

我　顧茅廬
主人未見出門相迎
但見矮牆內外
綠髮美女互比高下
雞群覓地啄食
它們驚見我的造訪

仍能神態自若地悠遊

花之境

欲把桃源仙境摺疊起來帶回家
草　低眉垂首　隨風飄搖
　散步時
驚見兩隻小黃蝶
吮　花　開　花　落
而它們似已體悟出
心裡的鐘擺
惜春春來又春去
一夕之間　照舊把美麗的翅
綻開成
羽　花　片　片

詩象四章

詩屋

我的詩屋
先把白晝裝滿腦袋裡的一堆廢物
　設　法　掏　空
唯待入夜　沉醉書海裡
也醉在剔透的詩冊裡
腳麻也不想起身

詩葉

大地之母的淚
在日月光環的交疊下
一種深擊
喚出生命內在的藍　且望各菁英
豐姿翩翩　吟詩作賦

仍能勇往向前行

星詩

舉目眺望
每一粒星子都似在歌唱
那遊方詩人
以一把月琴
波濤之後
乍　現
完美協調的月亮
有艘夢之舟
飛向大帳之下的銀河

詩想

見一隻黑得晶亮的老狗兒
嗨　牠瞄我一眼
自在的趴在來往的人群堆

躲在停靠路邊的車旁假寐
休管高分貝的人車鼎沸的喧鬧裡
懶得理你們矣

生活列車四節

日子拖著日子

每天似馬般的飛馳
生命裡不同的歷練
每個戲碼　每個舞臺
高潮起伏裡
彷彿幕
徐徐升起旋又緩緩降落

歲　月

唰～～地
每天撕了又撕的日曆
心驚光陰竟和你我一般
日復日　年復年　月復月
似箭的歲月　詭譎地佈局著

每　一　場　景

生命的列車

報載：一個遭逢家變
失去母愛的單親小孩自語的說著
「媽媽走了　不要我了～～」
他呆滯的眼神望著沒有目標的周邊
未來不知變數的路
怎麼走　怎麼走

金　豬

一直把你供奉財位
眼巴巴的望著你　亮麗的金身
是否也會獲得財神的青睞
我　莫窄佯矣

餘暉

一對恩愛的老夫妻
每日攜手漫步至公園
若干年來　頂禮膜拜著夕陽的當下
悟出　風雲變幻莫測的每一日
面對漫山彩雲煙霞
豈止於一句「浪漫」了得

後記

編校完了《彩霞滿天》的稿件後，心情上有頗為輕鬆的感覺。但同時也有兩分惶恐與八分欣喜之感。

筆者從事編輯工作四十餘年，編過詩刊、畫刊，也編過中國文藝協會、中國青年寫作協會、中華民國新詩學會的會刊、選集，同時也在台灣省政府交通處主編《交通安全》月刊近三十年，雖留心再留心，謹慎又謹慎，但仍然會經常有錯。所以這次編的《彩霞滿天》選集，未出版受指教前，仍心存惶恐。但好在參加選集的同仁，都是數十年的老友，若非特別大錯，諒必不會責怪的，加之負責出版的文史哲發行人彭正雄先生，既經驗老到又嚴格負責，有他的主導，自然大為心安，所以惶恐之情可減到最低。但讀了眾同仁之詩作品後，欣喜之情卻豁然遽昇。

年逾八旬的王幻、雪飛兩同仁，不但筆健、人健、思維健，且詩作有進無退，功力驚人。

古典文學造詣極深的王幻，早年在商務印書館出版的《鄭板橋評傳》、《楊州八怪畫傳》，都發行數十版，《屈原與離騷》出版讓人眼睛一亮。這次所發表的竟全為溫馨動人寫給小外孫女琪琪的詩，慈愛之情，深切感人。

醫師詩人雪飛，很早就寫詩了，曾參加第一期新詩函授班，其詩重感性且詩語言流暢，本選集中為其夫人逝世之時所寫的詩，感人至深！另以一群無人接聽的手機，詩敘台南梅嶺大車禍的悲慘，寫得非常出色。他自加入三月詩會後，大家都認為他的詩進步神速，詩語言也有神采飛揚之勢。

再幾個月就滿八十歲的文曉村，早年與中國文協詩歌班同學創辦《葡萄園》詩刊，至今已逾四十五年仍繼續出版。同時並與本會同仁王幻、潘皓、麥穗、金筑等人創辦中國詩歌藝術學會，出任理事長兩屆，於詩他主張健康、中國、明朗，為詩壇四流派（本土、中本、西方、新世紀）中之中本派的重鎮。其詩風明朗、流暢，重形式，重韻節，本選集中他以紅樓夢中十二金釵為主題，每人以八行詩寫其特點、際遇、性格及生平，觀察入微，以最精簡的筆觸，將她們再次活生生地呈現在大家眼前，殊屬難能。

潘皓、金筑、徐世澤三位同仁，再過一年幾個月，也都年屆八十足歲了。

現仍在大學執教的潘皓教授，是社會學的學者，他的學術論著，至受海峽兩岸的學術界推崇。文學創作出版亦頗多。他的詩結構嚴謹，詩語言詩質密度頗高，他常以高質度的文學語言寫詩，本選集中他的〈淡水觀海記〉及〈達娜伊谷溪〉即是最顯明的例子。難得的是他放下學者身段，寫下了貼近社會淺相的〈現代夫妻三段論〉，更放下社會學者積極的思維，寫出了〈放下吧〉一詩，要擁抱自在，揮灑自如，要享有無與倫比的無邊風月。真教人欽佩與跌破眼鏡。

從教壇退休的金筑，早年曾參加現代派，現為《葡萄園》詩刊社社長，擅長新詩朗誦及藝術歌曲演唱。他寫詩不斷地追求創新，作自我超越，他一面追尋陽剛的豪放，如本選集中的〈狂飆的雄姿〉，一面又尋求清麗的唯美，如本集中之〈夜郎種夢〉及〈窗前小品〉，似乎他不斷地創造與試驗，希望創作出不凡的作品，以他的毅力與精神，加上現有的成就基礎，必有大成。

徐世澤是一位有多方面成就的醫師詩人，早年曾擔任過榮總分院的院長，現為《乾坤》詩社副社長，中國詩人文化會副會長，曾周遊全世界。原寫傳統詩，甚受讚譽，後改寫新詩，善於觀察事物，並借以抒寫自己的情緒、情感或願望，且詩語言順暢，清晰。本選集中的〈風〉、〈枯木〉都在在表現出了這種特色。

再次一年出生的是被詩人瘂弦稱為是「新詩歷史館館長」的麥穗，他蒐集有關新詩方面的資料特別豐富，又肯下功夫、花時間鑽研，所以這方面的知識、學識非常豐富。曾任雜誌主編，現任中國詩歌藝術學會副理事長，曾出版著作十種。其詩結構完整，詩語言凝鍊。他曾在山區工作多年，現住烏來，所以他寫原居民的詩，寫得非常深入與鮮活，本選集中的〈馬來回家了〉即是例子。另一首〈寂寞〉詩中，他將獨居老人寂寞無奈的心情，用十一行詩，表達得非常深入且真實。

按年齡順序以下則為謝輝煌、晶晶、童佑華、傅予及筆者，均已超過七十五歲或已進入七十五歲。

謝輝煌擅寫短詩與擅長評論文章。他的短詩，用簡單明暢甚至近乎俗俚的詩語言，深刻地表達出人世間的千形百態及人情世故，而且善用隱喻、趣味感來表達，本選集中他寫的〈紅塵人生〉、〈鳥鳥〉、〈千手觀音〉等詩，就是這類的作品。另外他寫軍中生活，也是特別令人叫絕。本選集中他寫的〈升旗台〉、〈黃昏卒〉等就是此類詩。另他的評論，也非常受重視，他常能看到別人看不到的地方，寫出別人寫不出的論點，且能鞭辟入裏，令人傾服。

晶晶是資深女詩人，寫詩也寫小說，有多本詩集及長、短篇小說著作出版。他的詩結構嚴謹，詩語言凝鍊而流暢，自然而不散漫，經常用詩探討人生，如本選集中的〈戲說人生〉、〈落葉〉皆為類此作品。在三月詩會中，有多次她朗誦完了作品後，即獲得了熱烈的掌聲與叫好聲，與別的同仁朗誦完了自己的詩作後，被討論、被修理的情形截然不同，由此可證晶晶的詩，確是不凡。

童佑華雖詩齡頗長，但加入本會，都為時不長，因其有儒者風度，謙虛穩重，立即與同仁溶為一體。他古典文學根基深厚，又擅長書法。詩作常借古喻今，也有以今評古，有的作品寓意頗深，讀來雖覺此中有真意，但卻欲辯已忘言了。前者如本選集中他的〈花見羞〉、〈鏡子的聯想〉；後者如〈無象之象〉等詩皆屬。

在台鐵服務了四十六年公職退休的傅予，出版了三本詩集，現正對詩有熾烈的熱愛，雖然再過幾個月就滿七十五歲了，他卻自稱心理年齡只有十七歲。就詩創作而言，他講得並不太誇張，因為他不斷地尋找新方向創作詩。如這次發表的本選集之題目為〈太陽〉的詩，僅只這麼一行七個字：「太陽一生的行程」。太陽是不墜不落不消失的恆星，而世上萬事萬物都會隨時間而變移或消失，用太陽詮釋時間，真太妙了。此外他發表於本選集中的，有圖象詩、有微型詩、有愛情詩，真不像七十五歲老詩人而像十七歲青年詩人寫的詩。對他的求新、破舊、突破……的創作精神，忍不住要喊：傅予：加油！

未滿七十歲的詩人有三位，許運超、文林、關雲。

被譽為將軍詩人的許運超，早在四十年前就發表詩作品了，直至民國五十二年，因公務忙碌，才停止寫詩發表詩了。

可是他們單位要向最高層峰作簡報時，就指定由他執筆擔綱，由此也可知他的那枝筆不同凡響了。直到民國八十五年，他由將級軍階退休後才重拾詩筆，參加葡萄園詩社及本會，創作及發表作品。他的詩題材多元，詩語言鍊達而流暢，結構完整，讀來親切自然。他的自我期許，是寫下傳世之作的好詩。

文林，經常在國外教學，向海外推展中華文化，雖是留美名校的教育碩士，但非常謙虛與好學，至受詩友們讚佩，並多次連任中國詩歌藝術學會的常務理事。他擅長諷刺性短詩，言簡意賅，而意在言外，如本選集中他手稿所寫的〈正名〉一詩，即為例子。另他的詩多形式整齊，四行一段，言近意遠，重知性。本選集中，意外地他發表了一首極富感性的〈憶亡妹〉詩，雖同樣是形式整齊的四行一段，四段一詩，卻情真意摯，感人至深。文林雖已年逾六旬，但在本會男性同仁中，卻是最年輕的一位，也是大家寄望延續本會以詩論交精神聚會之接棒、交棒者。

闕雲，是本會最虛心、最熱心的女同仁，曾任《谷風》詩報主編，現任中國詩歌藝術學會副秘書長，新詩作品散見各詩刊及報刊雜誌，曾出詩集兩種。她的詩重感性，常以清晰的語言表達人性善良的一面；也表達出弱勢、困難人們的悲傷與痛苦。更多詩描敘生活之美好。前者如她在本選集中發表於最後頁的〈餘暉〉一詩。後者如〈生活列車四節〉中的第三節〈生命的列車〉即是。此外如〈郊遊三題〉、〈詩象四章〉則多為生活美好之描敘。她的詩，雖不刻意追求深度，也不特別注重知性之探討，但以自然的筆觸，抒寫身邊所見所聞的貼近事物，也另有一番情味及風味。闕雲最大的優點是有雅量接受批評及修正之建議，所以她的詩將會日有進步。

筆者不敏，受命編此選集，於完成使命之際，謹將讀、編、校後心得，草成此文置書末，聊作後記，以求全書之完整性，本書中有不妥不當之處，敬請作者、讀者惠賜教正，並祈海涵。謹祈福大家健康快樂。